Wisse, wer Du bist!   Andreas Hübner

Andreas Hübner

Wisse, wer Du bist!

Die Bibelstellen sind in der Regel der Schlachter- oder Luther-Übersetzung
entnommen.

Wisse, wer Du bist!

Andreas Hübner
Postfach 11 62
D-27341 Rotenburg

WISSE, WER DU BIST!

"Du wirst im Leben behandelt nach
Deinem Selbst–Bewusstsein."

Andreas Hübner

8

"WIE EIN SCHILFROHR
IM WINDE ..."

Das Geheimnis, sich im Glauben völlig im Willen Gottes zu bewegen, liegt darin verborgen, sich ständig durch den Wind des Heiligen Geistes verbiegen – aber nicht brechen zu lassen. So, wie ein Schilfrohr im Wind.

„Wolltet ihr ein Rohr sehen, das der Wind hin und her bewegt?" Matthäus 11,7

Lass Dein Leben wie ein Schilfrohr im Winde sein, lass Dich verbiegen vom Heiligen Geist. Viele sind geprägt durch ihre Denomination, ihre Gemeinde, ihr Umfeld, in eine bestimmte Richtung zu denken.

Wenn der Heilige Geist damit beginnt, ihr Denken, ihr Dasein, ihr Bild von sich selbst, ihr Bild von Gott, revidieren zu wollen, dann sind diese Menschen völlig unbeweglich. – Sie sind nicht wie ein Schilfrohr im Wind, sie sind vielmehr wie ein „Stahlrohr".

Du musst Dich bewegen lassen durch den Heiligen Geist!

Er muss Dich bewegen, Er muss Dich verbiegen können, er muss Dein Denken verbiegen können. Er muss Dein Denken verändern dürfen. Er muss Dein Handeln verändern dürfen.

Und nur wenn Du die eingefahrenen Wege verlässt und Neues wagst in Christus, nur dann wirst Du Veränderungen in Deinem Leben erleben. Nur dann.

Viele leben in einer Art innerer Gefangenschaft. Solange Du Dich im Gefängnis aufhältst, wirst Du keine Durchbrüche erleben können. Dein Gefängnisaufenthalt aber ist ein freiwilliger Aufenthalt. Niemand schreibt Dir vor, im Gefängnis zu bleiben. Du kannst zu jeder Zeit das Gefängnis verlassen, die Tür ist schon längst offen. Solange Du im Gefängnis bleibst, wirst Du keine Freiheit erleben.

Du musst Dich entscheiden, das Gefängnis jetzt zu verlassen. Die Tür ist offen. Viele Menschen – viele Christen – bleiben im Gefängnis. Sie bleiben in Gefangenschaft, weil sie Angst davor haben, was „dort draussen" auf sie wartet.

Das Leben in einer Gefängniszelle ist relativ sicher.

Hast Du schon einmal von dem Begriff „Schutzhaft" gehört? Es ist relativ sicher im Gefängnis, aber es ist kein Leben dort. Zumindest nicht ein solches Leben, das es wert ist, auf lange Zeit gelebt zu werden.

Gott hat Dich zur Freiheit berufen! Verlass die Gefängniszelle. Lass Dich bewegen durch den Wind des Heiligen Geistes. Lass Dich bewegen!

Sprich diese Worte laut aus:

„Heiliger Geist, ich bin bereit, die Gefängniszelle zu verlassen. Forme mein Dasein, mein Denken, mein Fühlen, ganz neu. Ich habe keine Angst vor Neuanfängen. Ich bin kühn und bereit, die Herausforderung der Freiheit anzunehmen. Forme mich, Heiliger Geist. Verbiege mich, Jesus in mir! Gebrauche mich, himmlischer Vater. Du machst alles neu!"

❦ 1 ❦

"SELBSTBEWUSSTSEIN: EIN SCHÖNES WORT!"

Selbstbewusstsein.

– Wenn Du das Wort aussprichst, dann fühlst Du etwas in Dir. Was fühlst Du? Etwa ein seltsames Gefühl, das Dir eine gewisse Abscheu gegen dieses Wort vermitteln will?

In einem religiösen Umfeld hören wir ständig so etwas, wie:

„Du bist unwichtig."

„Du selbst bist unwichtig."

„Nur Gott ist wichtig."

Verrückt, oder? Denn warum ist Jesus denn gekommen: Jesus ist gekommen, um Dich zu erretten. Jesus ist gekommen, damit Du Leben hast ... und Leben im Überfluss!

Wenn Du jetzt umhergehst und sagst:

„Ich bin unwichtig. Nur Gott ist wichtig."

– Dann sagt sich Gott: „Aber warum habe ich denn Jesus, meinen Sohn, gesandt? Ich habe Ihn doch gesandt, um Dich zu befreien! Ich habe Jesus gesandt,   damit Du Dein Leben in Christus genießen darfst! Ich habe meinen einzig geborenen Sohn gesandt, damit Du geheilt sein darfst! Mein, Sohn, Jesus, wurde arm, damit Du reich sein darfst, damit Du die Güte Gottes genießen kannst."

Du bist sehr wichtig!

„Denn so sehr hat Gott die Welt geliebt, dass Er seinen eingeborenen Sohn gab, damit jeder, der an Ihn glaubt, nicht verlorengeht, sondern ewiges Leben hat." Johannes 3,16

Du bist so wichtig, dass Gott seinen eingeborenen Sohn sandte!

Und wenn Du die einzige Person auf Erden gewesen wärst, hätte Gott immer noch seinen Sohn gesandt. Warum? Um Dich zu erretten. – Dich ganz allein!

2

"SELBSTBEWUSSTSEIN BEDEUTET NICHT EGOISMUS!"

Selbstbewusstsein.

– Was verbinden wir mit dem Wort Selbstbewusstsein?

Einige verbinden mit diesem Wort Egoismus: „Ich, ich und niemand anderes."

Was ist ein Egoist?

Jemand, der nur an sich denkt; zu seinem Vorteil und zum Nachteil anderer.

Selbstbewusstsein bedeutet nicht, Du denkst an Deinen Vorteil zum Nachteil anderer.

Vielmehr bedeutet Selbstbewusstsein: Du denkst an Dich, ja, und weil Du an Dich denkst, ist jeder andere in Deinem Umfeld mit Dir gesegnet!

Selbst–Bewusstsein.

Wenn Du einen Bindestrich zwischen Selbst und Bewusstsein einsetzt, wird Dir die Bedeutung des Wortes noch viel klarer.

Wir verbinden mit dem Wort oft jemanden, der ein starkes Auftreten hat.

Wir sagen: „O, diese Person ist aber sehr selbstbewusst!"

Manchmal meinen wir damit eigentlich:

„O, diese Person ist aber abstoßend in der Art und Weise wie er (oder sie) auftritt!"

Warum?

Weil sich oftmals Personen, von denen wir meinen, sie seien selbstbewusst, lächerlich machen.

—*m*—

❧ 3 ☙

"SELBST-BEWUSSTSEIN VERSUS SELBST-LÜGE"

„Denn ich sage kraft der Gnade, die mir gegeben ist, jedem unter euch, dass er nicht höher von sich denke, als sich zu denken gebührt..." Römer 12,3

Es gibt immer wieder Personen, die von sich meinen, sie seien selbstbewusst, aber nicht wissen, wer sie wirklich sind. Sie legen sich einen „künstlichen Charakter" an. Oft sind diese Menschen Imitatoren anderer Menschen und wollen dann „so sein, wie sie".

Solche Menschen machen sich oftmals schnell lächerlich.

Sie überschätzen ihre Fähigkeiten.

Sie wollen immer mitreden.

Sie meinen, alles besser zu wissen.

Sie erzählen dem Arzt, wie er sie zu heilen hat.

Sie singen lauter, als alle anderen.

Und leider sind sie die einzigen Menschen, die ihren Gesang schön finden.

Menschen, die sich in einer solchen

Selbstlüge über sich selbst verfangen haben, harmonieren niemals mit der Wahrheit. Sie sind aufgeblasen. Und viele haben Angst davor, wie diese Menschen zu sein, wenn ihnen Selbst–Bewusstsein als etwas positives und göttliches vorgestellt wird.

Sobald der Geist Gottes damit beginnt, Dein Selbst–Bewusstsein, Dein Bild von Dir selbst, zu erneuern, fallen Dir all die Menschen ein, die Du bisher für selbstbewusst gehalten hast und dabei waren sie tatsächlich lediglich hochmütig, hochnäsig und „aufgeblasen".

Hab keine Angst! Du wirst niemals wie sie werden.

Warum? Weil Du Dich bewusst von Deinem Schöpfer formen lässt.

Du lässt Dein Selbstbild bewusst verändern. Gott formt Dich als Sein Gefäß ganz neu. Du bist der Ton, Er der Töpfer. Und dieser Töpfer erschafft wunderbare Gefäße zu Seiner Ehre.

– Du bist ein solches Gefäß!

"SELBST-BEWUSSTSEIN: WISSE, WER DU BIST!"

Selbst–Bewusstsein bedeutet tatsächlich im Sinne des Wortes, Du erlangst ein Bewusstsein darüber, wer Du tatsächlich bist.

Du wirst Dir bewusst, wer Du bist. Eben: „Selbst–Bewusstsein".

Jemand sagte einmal zu mir: „Wir brauchen kein Selbst-Bewusstsein, wir brauchen lediglich ein Christus-Bewusstsein!" Ja, das ist richtig, wir brauchen ein Christus-Bewusstsein, ich habe das auch oftmals selbst gesagt. Aber, wenn wir ein Christus-Bewusstsein erlangen, was bedeutet das dann? – Dass dieses Christus-Bewusstsein dann zu unserem Selbst–Bewusstsein wird!

In Ihm sind wir, in Ihm vermögen wir alle Dinge. – In Ihm!

Unser Christus-Bewusstsein wird zu unserem Selbst–Bewusstsein.

„In Ihm leben, weben und sind wir!"
Apostelgeschichte 17,28

Lass Dein Christus-Bewusstsein zu Deinem Selbst–Bewusstsein werden!

Wisse, wer Du bist!

Lies einmal Matthäus 15, 21-28. – Dort wusste eine Frau, wer sie ist.

Sie war erfüllt mit „Selbst–Bewusstsein"!

Sie hatte ein bestimmtes Bild von sich selbst. Und diese kanaanäische Frau, die wollte Befreiung, Heilung, von Jesus für ihre Tochter.

„Und Jesus ging weg von dort und zog sich zurück in die Gegend von Tyrus und Sidon. Und siehe, eine kanaanäische Frau kam aus diesem Gebiet und schrie: Ach Herr, du Sohn Davids, erbarme dich meiner! Meine Tochter wird von einem bösen Geist übel geplagt. Und Er antwortete ihr kein Wort. Da traten seine Jünger zu ihm, baten ihn und sprachen: Lass sie doch gehen, denn sie schreit uns nach. Er antwortete aber und sprach: Ich bin nur gesandt zu den verlorenen Schafen des Hauses Israel. Sie aber kam und fiel vor ihm nieder und sprach: Herr, hilf mir! Aber er antwortete und sprach: Es ist nicht recht, dass man den Kindern ihr Brot nehme und werfe es vor die Hunde. Sie sprach: Ja, Herr; aber doch fressen die Hunde von den Brosamen, die vom Tisch ihrer Herren fallen. Da antwortete Jesus und sprach zu ihr: Frau, dein Glaube ist groß. Dir geschehe, wie du willst! Und ihre Tochter wurde gesund zu derselben Stunde."

Was Dich in der heutigen Zeit von der kanaanäischen Frau unterscheidet: Du weißt bereits, dass Du ein Recht hast, von Jesus Christus zu empfangen.

Vielmehr noch, Jesus bescheinigt Dir in

Seinem Wort, dass Du bereits alles von Ihm geschenkt bekommen hast (Vergangenheitsform).

Du musst es nur noch im Glauben ergreifen! Aber es gehört Dir bereits jetzt schon!

Dieser Bericht der kanaanäischen Frau macht eines sehr deutlich:

Diese Frau fühlt sich hilflos und verzweifelt. – Als sie Jesus nachrief, da ignorierte Jesus sie sogar vollkommen! Jesus ignorierte die Frau und die Jünger waren geradezu genervt von ihrem Rufen. Sie traten herzu, sie baten Jesus: „Fertige sie ab, denn sie schreit uns nach!" ... Mit anderen Worten: "Sag doch endlich etwas, denn die Frau nervt uns!"

Und Jesus antwortete tatsächlich und sprach: „Ich bin nur gesandt zu den verlorenen Schafen des Hauses Israel."

Aber die Frau ließ sich nicht abschütteln.

Sie fiel vor Jesus nieder und sprach: „Herr, hilf mir!"

Er antwortete: „Es ist nicht recht, dass man das Brot der Kinder nimmt und es den Hunden vorwirft."

Sie aber sprach: „Ja, und doch essen die Hunde von den Brosamen, die vom Tisch ihrer Herren fallen!"

Sie begann damit, mit Jesus zu argumentieren!

Sie wusste, wer sie war.

Und sie wusste, was sie wollte!

Sie war entschieden, die Heilung – die Befreiung – für ihre Tochter zu empfangen.

Sie war entschieden! Sie wusste, wer sie war, denn sie hatte ein außergewöhnliches und starkes Selbst–Bewusstsein.

Ihr Selbst–Bewusstsein war so ausgeprägt: Wenn sie nach dem Wort von Jesus wie ein Hund sei, der kein Recht dazu habe, irgendetwas von Ihm zu empfangen ... selbst dann fiel ihr noch etwas ein: „Ja, aber selbst die Hunde essen die Reste, die vom Tisch fallen!"

Und Jesus antwortete und sprach zu ihr: „O, Frau, dein Glaube ist groß!"

Eigentlich war es doch geradezu eine Frechheit, was diese Frau tat. Jesus wollte sie abwimmeln. Jesus sagte: „Nein, es gibt keine Heilung für deine Tochter!"

Diese Frau aber ließ sich nicht abwimmeln! Diese Frau argumentierte mit Jesus.

Diese Frau wusste genau, wer sie war!

Und Jesus war beeindruckt von ihrem Selbst–Bewusstsein!

Und ihr Bewusstsein war: dann bin ich halt ein Hund, aber als Hund esse ich immer noch die Brosamen, die vom Tisch der Herren fallen.

Jesus antwortete: „Dein Glaube", mit anderen Worten, dein Selbst–Bewusstsein, deine Entschiedenheit, dein Fokus auf die Lösung, dein Ausstrecken nach den Dingen Gottes, nach der Heilung deiner Tochter, „dein Glaube ist groß".

– Und nun kommen die Worte, die so viele übersehen, wenn sie Vers 28 lesen (Matthäus 15,28)

... Jesus sagt:

„Dir geschehe, wie du willst!"

❧ 5 ☙

"SELBST-BEWUSSTSEIN: GOTT HAT DICH MIT EINEM FREIEN WILLEN GESCHAFFEN!"

Gott hat nichts dagegen, wenn Du einen Willen hast! Religion, ein religiöses Umfeld, lehrt Dich oftmals:

„Du darfst keinen Willen haben."

„Du darfst kein Selbst–Bewusstsein haben."

„Du bist ein Nichts; ein dreckiger Wurm, der im Staub herumkriecht."

Aber Glaube verändert Situationen in Deinem Leben zum Guten.

Glaube setzt den Willen Gottes in Deinem Leben frei und Glaube ist **direkt verknüpft mit Willen**:

Ich will erfolgreich sein, Du willst erfolgreich sein, denn die ganze Bibel ist eine einzige große Erfolgs-Story Gottes:

Ich will erfolgreich sein.

Ich will gesegnet sein.

Ich will schuldenfrei sein.

Ich will geheilt sein.

Ich will die Freude des Herrn genießen.

Ich will die Gegenwart Gottes genießen.

Ich will mich bewegen in der Gegenwart Gottes in meinem Leben.

Ich will gehorsam sein.

Ich will ein Säer sein.

Ich will ein Meistergünstling sein.

Ich will ein Ernter sein.

... Ich will!

Willst Du auch, dann sprich die obigen Sätze nochmals laut und voller Überzeugung aus!

Du musst eine Entscheidung treffen.

Die kanaanäische Frau hatte sich entschieden, von Gott zu empfangen. Sie hatte sich entschieden, von Jesus zu empfangen.

Dich und die kanaanäische Frau unterscheidet, dass Gott seinen Willen für Dich geoffenbart hat.

Jesus hat sich Dir als Dein Retter, Dein Erlöser, geoffenbart und Er hat Dir die Errettung gegeben – für Dich möglich gemacht.

Du hast ein Recht, von Ihm zu empfangen.

Diese Frau hatte nicht einmal ein Recht dazu, von Jesus zu empfangen.

Aber ihr Selbst–Bewusstsein war groß genug, um Jesus davon zu überzeugen, sie zu segnen, obwohl sie den Segen eigentlich gar nicht verdient hätte.

Dein Selbst–Bewusstsein muss so groß sein, dass Du in der vollendeten Überzeugung durchs Leben gehst, dass Dir der Segen Gottes in jedem Bereich gehört und Du es verdienst, gesegnet zu sein!

Jesus wartet nur darauf, Dich segnen zu dürfen. Er segnet Dich aber gemäß Deines Bewusstseins, Deines Glaubens, dass dieser Segen hier und jetzt in Dein Leben gehört.

Das ist wahres Selbst–Bewusstsein!

28

6

"DU WIRST IM LEBEN BEHANDELT NACH DEINEM SELBST-BEWUSSTSEIN"

Wenn Du durch das Leben gehst, wie ein „getretener Hund", dann wirst Du im Leben behandelt werden, wie ein „getretener Hund".

Du wirst behandelt werden nach Deinem Selbstbild, nach Deinem Selbst–Bewusstsein.

Die kanaanäische Frau war so verzweifelt und kam zu Jesus. Jesus selbst aber versicherte ihr, es sei nicht Sein Wille, ihre Tochter zu heilen! Aber sie ließ sich nicht abschütteln.

„Dir geschehe, <u>wie Du willst!</u>"

Diese drei Worte solltest Du unbedingt in Deiner Bibel unterstreichen: … „**wie Du willst!**"

Auch Dir, lieber Leser, liebe Leserin, geschehe, wie Du willst!

Die Frage aber ist: Hast Du überhaupt einen Willen?

Viele haben Angst davor, einen eigenen Willen zu haben, weil sie damit die Gefahr verbinden, etwas zu wollen, was Gott ihnen vorenthalten möchte. Gott aber möchte, dass Du Entscheidungen triffst.

Gott kann jemanden, der entscheidungslos ist, nicht segnen.

Warum? – Ganz einfach: Dein Glaube zieht den Segen Gottes in Dein Leben hinein. Wenn Du aber nicht weißt, was Du überhaupt willst, dann kannst Du auch nicht dafür glauben!

❦ 7 ❧

"HAST DU ÜBERHAUPT EINEN WILLEN?"

Hast Du überhaupt einen Willen?

Und hast Du definiert, was Du wirklich willst? ... Oder agierst Du lediglich nach dem, was andere Dir als Deinen Willen „verkauft" haben?

Jeden Tag stehst Du Menschen gegenüber, die Dir ihren Willen als Deinen Willen aufzwingen wollen.

Du schaltest Dein TV-Gerät ein und Du siehst die Werbung in bunten Bildern vor Deinen Augen ablaufen.

Du schaltest Dein Radio ein und Du hörst Werbung, Werbe-Spots ... und zehn Mal an einem Abend wird Dir eine Zahnpasta als die beste Zahnpasta der Welt angepriesen. – Man will Dir das Gefühl aufzwängen, Du musst diese Zahnpasta kaufen, das sei nun Dein Wille.

Ein Verkäufer sagte mir einmal, der Trick beim Verkaufen sei der, dem Kunden das Gefühl zu geben, dass der Wille des Verkäufers der eigene Wille des Kunden sei.

Ich nenne das Gedankenkontrolle. Ein anderes Wort dafür: „Hexerei".

Letztlich entscheidest Du darüber, wie weit Du manipulierbar und durch andere Menschen kontrollierbar bist. Deine Beziehung zum Heiligen Geist ist so unendlich wichtig, denn sie schützt Dich vor der böswilligen Manipulation anderer, die nur zu ihrem eigenen Vorteil handeln.

Das Evangelium ist keine Botschaft, die wir Menschen aufzwängen oder aufdrängen müssten.

Die Aufgabe eines Dieners Gottes ist es nicht, Menschen zu zwingen, etwas bestimmtes zu tun.

Ich persönlich sehe meine Aufgabe darin, Menschen dazu zu bewegen, ihren eigenen Willen zu finden und ihre eigenen Gedanken ordnen zu können, Jesus selbst erleben zu können und aus freiem Willen das Wort Gottes befolgen zu wollen. Aus freiem Willen.

„Dir geschehe, wie Du willst!"

Wie Du willst. – Das hat nichts mit Egoismus zu tun, auch nicht in diesem Bericht der kanaanäischen Frau. Ihr Selbst–Bewusstsein rettete die Gesundheit, das Leben, ihrer Tochter.

Wir verwechseln oftmals den christlichen Glauben, das christliche Verhalten, mit der Idee, wir müssten uns ausnutzen lassen.

Das ist eines der großen Probleme unseres Landes. Wir öffnen unsere Tore weit für die Menschen dort draussen, die wir nicht kennen. Wir überprüfen diese Menschen nicht einmal, weil wir meinen, wir müssten das tun, wenn wir gute Menschen sein wollen. Dies sei unsere Pflicht. – Aber wir vergessen dabei uns selbst und werden womöglich zum Fluch der nachfolgenden Generationen.

Jemand, der Dich liebt, wird Dich nicht ausnutzen wollen.

Jemand, der Dich liebt, wird die Grenzen respektieren, du Du ihm oder ihr setzt.

Lerne es, anderen Menschen Grenzen aufzuzeigen.

Du entscheidest, wem Du die Tür Deines Herzens öffnest.

Dies gilt für die Tür Deines Herzens genau so, wie für Deine Wohnungstür. – Und es sollte auch für die Grenzen einer Nation gelten.

 8

"DU BIST DIE WICHTIGSTE PERSON IN DEINEM UMFELD!"

„Du bist die wichtigste Person in Deinem Umfeld!" – Das hört sich egoistisch an, ist es aber nicht.

Die kanaanäische Frau war die wichtigste Person in ihrem familiären Umfeld. Hätte sie sich abwimmeln lassen, hätte sie gesagt: „Ach, Jesus, ich verstehe schon, ich habe kein Recht zu empfangen, ja, ich verstehe, ich bin nur ein Hund, ich habe kein Recht irgendetwas zu empfangen, ich bin ein Nichts!" … und wäre sie einfach enttäuscht wieder gegangen, dann wäre ihre Tochter womöglich durch ihre Krankheit, ihre Besessenheit, gestorben.

Du bist die wichtigste Person in Deinem Umfeld. Ja, Menschen nehmen daran Anstoß, wenn jemand ein großes Selbst–Bewusstsein hat.

Das größte Geschenk, das Du anderen machen kannst, ist ein gesundes „Du". Du wirst aber nur ein gesundes „Du" erleben, wenn „Du" weißt wer „Du" bist.

Ich habe so oft gesagt: „Alles, was Du an 'Ich bin...' dranhängst, wird letztlich zur Realität in Deinem Leben, wenn Du in dieser Wahrheit aufgehst und aufblühst in diesem 'Ich bin...'!"

Wisse, wer Du bist!

Wenn Du nicht weißt, wer Du bist, werden andere Dir ein Bild über Dich selbst verkaufen. Und dieses Bild ist im Regelfall nicht das Bild Gottes.

Schau in Joel Kapitel 4 Vers 10, da heißt es: „Der Schwache spreche: Ich bin stark!"

Mit anderen Worten: Der Schwache erlange ein SELBST–BEWUSSTSEIN über seine Stärke.

Sprich die Wahrheit Gottes über Dein Leben aus – und glaube diese Wahrheit, empfange diese Wahrheit, liebe diese Wahrheit, blühe auf in dieser Wahrheit!

Der Schwache spreche: „Ich bin stark!"

Der Arme spreche: „Ich bin reich!"

Der Kranke spreche: „Ich bin geheilt!"

.   .. in Christus.

❧ 9 ❧

"DEIN SELBST-BEWUSSTSEIN IST SEHR WICHTIG VOR GOTT!"

Selbst–Bewusstsein, Dein Selbst–Bewusstsein, ist sehr wichtig vor Gott!

Dein Selbst–Bewusstsein ist sehr wichtig für Dein Leben.

Beschwer Dich nicht über Dein Leben.

Bei Gott gibt es keine „Beschwerdeabteilung".

Wenn Du Dich über Dein Leben beschwerst, beschwerst Du Dich über Christus, denn in IHM lebst Du, in IHM bewegst Du Dich, in IHM hast Du Dein Dasein.

Wenn Du Dich über Dein Leben beschwerst, dann solltest Du dabei direkt in den Spiegel schauen, denn Dein Leben ist das Produkt Deines Glaubens. Wenn Du Dich vom Willen Gottes für Dein Leben überzeugen kannst, brauchst Du letztlich niemand anderen mehr überzeugen. Nicht einmal Gott!

Jesus ist das Leben.

Jesus ist der Weg.

Jesus ist die Wahrheit.

Wenn Dein Leben nicht so ist, wie Du es gern hättest, dann liegt es daran, dass Du Deinen Weg mit Jesus nicht so gehst, wie Du ihn gehen solltest!

Natürlich, Herausforderungen gibt es immer. – Wenn Du aber fortwährend als Opfer durchs Leben gehst, dann gehst Du nicht in der Entschiedenheit voran, mit der Du vorangehen solltest. – Dann gehst Du mit einem falschen Bewusstsein Deiner Selbst durchs Leben.

Was Du über Dich denkst und wie Du über Dich fühlst ist viel wichtiger, als Dir jemals zuvor gepredigt wurde!

❧ **10** ❧

"WER BIST DU WIRKLICH?"

Wer bist Du wirklich?

Es reicht nicht... zu jammern.

Es reicht nicht... sich zu beschweren.

Es reicht nicht, zu sagen: „Es ist alles so schlecht … es geht mir so schlecht … es kann so nicht weitergehen … ich kann so nicht weiterleben!" – Das reicht nicht.

Du musst ein Bewusstsein darüber erlangen, wer Du wirklich bist.

Wer bist Du? Entweder Du erlangst das Selbst–Bewusstsein Gottes – Du bist ein Sohn Gottes, eine Tochter Gottes, ein König (eine Königin) – entweder, Du erlangst dieses Selbst–Bewusstsein, entweder Du begreifst in Deinem Herzen, wer Du bist ... oder andere werden Dich ständig herumschubsen.

Menschen, die ständig von anderen herumgeschubst werden – die ständig gezwungen werden, „dieses, jenes, solches" für andere zu tun – sind Menschen, die kein Selbst–Bewusstsein haben und sich selbst immer mehr verletzen lassen, bis sie den Schmerz kaum noch spüren.

Definiere, was Du sein willst, was Du tun willst, was Du haben willst!

Und dann sieh Dich als die Person, die Du sein willst, als die Person, die tut, was sie tun will, als die Person, die hat, was sie haben will!

Dein Leben ist ein Leben endloser Möglichkeiten. Dir ist alles möglich, wenn Du nur glaubst. Du, nur Du, kannst aus dem Gefängnis der Minderwertigkeit ausbrechen. Jesus in Dir hilft Dir dabei. Vertraue Ihm. Wage es!

 11

"WAS WILLST DU WIRKLICH?"

Es erstaunt mich immer wieder: Wenn ich Menschen frage, wer sie sind und was sie wollen, dann antworten sie mir: „Ich weiß nicht so recht."

Oder sie antworten: „Ich will sein, was auch immer Gott für mich möchte."

Ja, aber Gott möchte zuallererst einmal, dass Du ein Selbst–Bewusstsein erlangst! Das ist ein erster Schritt! Gott möchte, dass Du eine Person, ein Mensch, mit einem Willen bist.

Im Vorwort dieses Büchleins habe ich über „Bewegung" geschrieben, über das Geheimnis, sich völlig im Willen Gottes zu bewegen.

Dieses Geheimnis liegt darin verborgen, sich ständig durch den Heiligen Geist bewegen zu lassen: Verbiegen, aber nicht brechen zu lassen – wie ein Schilfrohr im Wind!

Ja, lass Deinen Willen vom Heiligen Geist bestimmt sein.

Und wie tust Du das?

Ganz einfach; Du liest das Wort Gottes, denn Gott hat seinen Willen für Dich geoffenbart im Wort Gottes.

Sein Wille für Dich ist Heilung, Reichtum, Schuldenfreiheit, Freude, Leben im Überfluss Seines Segens!

Jesus liebt frechen Glauben!

Ist es nicht erstaunlich, dass Jesus nicht Anstoß daran nahm, als die kanaanäische Frau mit ihm argumentierte? Es sieht fast so aus, als ob Jesus „frechen" Glauben mögen würde. Jesus liebt „frechen" Glauben.

Du bist die wichtigste Person in Deinem Umfeld und Dein Umfeld wird gesegnet, wenn Du gesegnet bist.

Das größte Geschenk, das Du anderen machen kannst, ist ein gesundes ICH: Gesund in jedem Bereich!

Niemand kann Dein Leben verändern, solange Du an einem falschen Selbstbild festhältst. – Deshalb, definiere Dich selbst!

Nimm ein Blatt Papier und schreib auf:

„Ich bin Gott so dankbar, denn ich bin eine Person die ... ..."

Definiere Dich in einer Haltung der Hingabe Gott gegenüber. Beginne aufzuschreiben, wer Du wirklich bist. Lass die Worte, inspiriert vom Heiligen Geist, durch Dein Herz zu Deinen Händen auf das Papier fließen.

Der Schwache spreche: „Ich bin stark!"

– Dies sind gewaltige Worte: „Ich bin."

– „Ich bin" ist einer der Namen Gottes. Gott hat sich geoffenbart als der Große ICH BIN DER ICH BIN.

Und was auch immer Du an dieses „Ich bin" dranhängst ... wird zur Realität Deines Lebens.

Sei Stolz auf das, was Jesus für Dich getan hat! Ein selbstbewusster Mensch wird oft als „stolz" bezeichnet. Dann sei halt stolz! Sei stolz darauf, was Jesus für Dich getan hat und wer Du in Christus bist.

Nicht hochnäsig stolz, nicht aufgeblasen, vielmehr ein Stolz in dem Bewusstsein: „Ich weiß, wer ich bin ... durch das, was Jesus für mich und in mir getan hat!"

Nimm für Dich eine „Leg Dich nicht mit Jesus an!"–Mentalität an.

„Der, der in mir ist, ist größer als der, der in der Welt ist!". – Und wenn jemand mich angreift, dann greift er Jesus an, dann legt er sich mit Jesus in mir an.

Verändere Deine Umstände, indem Du Dein Selbstbild veränderst.

Definiere Dein Leben neu, definiere Dich als „der Starke in Christus", gib Dir einen Namen! Gott gab bestimmten Menschen einen neuen Namen und dieser Name war ihre Mission. Wie lautet Dein Name?

So lange Dein Selbst–Bewusstsein von anderen abhängig ist, hast Du kein eigenes

Bewusstsein.

Du musst wissen, wer Du bist. Jemand kritisiert Dich dafür, in das Reich Gottes hineinzusäen (zu geben, bewusst finanziell Gott zu „opfern")?

Du säst, damit Du gesund bist, Du säst, damit Deine Finanzen gesund sind, Du säst, weil Du ernten willst. Verteidige Dein Säen! Denn, wenn Du Dein Säen verteidigst, verteidigst Du Deine Ernten.

Betrete das Kino Deiner Imagination. Was ist Imagination? Es sind Bilder, Worte, Vorstellungen!

Stell Dir Dein Leben im Segen vor! Träume Dich hinein in den vollkommenen Willen Gottes für Dein Leben. Sieh Dich gesund, sieh Dich geheilt, sieh Dich befreit, sieh Dich erlöst von jeder Macht der Finsternis!

Erlaube dem Heiligen Geist, Dir zu offenbaren, wie er über Dich denkt.

❧ 12 ❧

"DEIN NEUES SELBSTBILD BESTIMMT DEIN NEUES LEBEN!"

Verändere Deine Umstände, indem Du Dein Selbstbild veränderst. Erlaube dem Heiligen Geist, Dein Selbst–Bewusstsein zu verändern. In dem Namen Jesus Christus, dem Sohnes, des lebendigen Gottes: „Du bist geheilt! Du bist reich! Du bist frei! Du bist gesegnet! Du lebst im Segen Gottes!"

Wenn Du weißt, wer Du bist, nur dann wirst Du in der Lage sein, Dich Gott völlig hinzugeben. Nur dann wird die Hingabe an Gott größer als die Furcht sein. Jemand der weiß, wer er ist, vermag sich Gott ganz und gar hinzugeben und den Willen Gottes ganz und gar zu erfüllen.

Diejenigen, die nicht wissen, wer sie eigentlich sind, haben einen Schein der Gottseligkeit, die Kraft Gottes aber verleugnen sie. Würden sie nämlich die Kraft Gottes kennen, würden sie den Heiligen Geist kennen – hätten sie tatsächlich eine lebendige Beziehung mit dem Heiligen Geist – dann wüssten sie, wer sie sind und würden anders auftreten und anders handeln.

Jedes Umfeld, in dem Dir eine „Wurm im Staub-Mentalität" vermittelt wird, ist ein Umfeld, in das Du nicht hineingehörst. – Dort haben Menschen einen Schein der Gottseligkeit, die

Kraft Gottes aber verleugnen sie. Von solchen, sagt das Wort Gottes, wende Dich ab!

Du sollst Dich nicht dem Weltlauf anpassen! Du sollst Dich verändern lassen vom Heiligen Geist durch die Erneuerung Deines Sinnes, Deines Geistes. Durch die Erneuerung Deines Daseins, Deiner tiefen inneren Überzeugung, wer und wie wertvoll Du bist.

Römer 12,2: **„Und passt euch nicht diesem Weltlauf an, sondern lasst euch (in eurem Wesen) verwandeln durch die Erneuerung eures Sinnes, damit ihr prüfen könnt, was der gute und wohlgefällige und vollkommene Wille Gottes ist"**.

Wenn Dein Selbstbild, Dein Selbst–Bewusstsein, durch den Heiligen Geist verwandelt wird, wenn Dein Wesen verwandelt wird durch die Erneuerung Deines Sinnes, dann wirst Du prüfen können, dann wirst Du schmecken können, was der gute und wohlgefällige und vollkommene Wille Gottes für Dein Leben ist!

❧ 13 ❧

"GENUG IST GENUG!"

Sprich mir nach:

„Ich werde mich nicht mehr abspeisen lassen mit religiöser Kost. Ich glaube dem Wort Gottes! Ich glaube den Verheißungen Gottes! Gottes Wort ist die Grundlage meines Lebens! Heiliger Geist, verwandle mein Wesen, durch die Erneuerung meines Sinnes, damit ich prüfen kann, damit ich schmecken kann, was der gute und wohlgefällige und vollkommene Wille Gottes für mein Leben ist! – In Jesu Namen... Amen!"

48

ÜBER DEN AUTOR

Andreas Hübner, verheiratet seit 1989, Vater von sechs Kindern ... seit mehr als 25 Jahren im Dienst ...

Andreas Hübner hat weltweit auf vielen Konferenzen Menschen motiviert, Großes in  ihrem Leben zu erreichen und die Größe zu erkennen, die in ihnen steckt. Andreas Hübner ist nicht religiös, sondern glaubt an die Stärke Gottes in jedem Menschen, der diese erkennt und sich eins mit dem Schöpfer macht: "Christus in Dir, Deine Stärke!" – Jesus Christus: „Der Weg, die Wahrheit, das Leben!"

Andreas Hübner verkündigt kompromisslos Gottes Wort. Dies bedeutet mehr als nur die Errettung von Sünde. Es bedeutet auch absoluten Wohlstand, Friede, überfließende Freude, Liebe und Gesundheit!

Kaum ein Mann Gottes predigt so freimütig über den finanziellen Segen Gottes, wie Andreas Hübner: „Es ist unmöglich, sich zum Teil dieses Dienstes zu machen und arm zu bleiben!"

Insbesondere in Ländern der sogenannten Dritten Welt wurde Andreas Hübner immer wieder von Regierungsoberhäuptern und hochrangigen Politikern um Rat gebeten.

Andreas Hübner sehnt sich danach, Menschen zu ermutigen, die Weisheit Gottes zu suchen: „Gottes Antwort auf Dein Gebet ist oftmals ein Mentor, den Er in Dein Leben schickt. Wirst Du Deinen Mentor erkennen?"

Was andere über Andreas Hübner schreiben:

Charisma Magazine, Lake Mary, Florida, USA: "Deutscher Evangelist bringt Pakistanis das Evangelium – Eine Reihe von Open-Air Veranstaltungen in Pakistan im September führten Tausende zum Glauben ..."

Dr. Mike Murdock, Fort Worth, Texas, USA: "Deine seltene Gabe... unerschütterliche Loyalität und Freundschaft... hat einen klaren, deutlich erkennbaren Unterschied in meinem Leben gemacht und im Leben derer, die Deinen Dienst im Wisdom Center empfangen haben. Natürlich reichen Worte niemals aus, um das Wirken Gottes durch Dich angemessen zu beschreiben. ..."

Besuche Andreas Hübner im Internet:
www.deindurchbruch.tv

oder schreibe ihm:

Andreas Hübner
Postfach 11 62
27341 Rotenburg
Deutschland